북치는 소년

김종삼 시선

북치는 소년

오늘의 시인 총서 8

민음사

차례

1

물통 — 11
북 치는 소년 — 12
스와니강이랑 요단강이랑 — 13
어부 — 14
휴가 — 15
올페 — 17
아틀리에 환상 — 18
미사에 참석한 이중섭 씨 — 19
샹뻬 — 20
앙포르멜 — 21
십이음계의 층층대 — 22
기동차가 다니던 철둑길 — 23
묵화 — 24
드뷔시 산장 — 25
대화 — 26
한 마리의 새 — 27
평화 — 28
무슨 요일일까 — 29
背音 — 30
고향 — 31

차례

2

그리운 안니 로 리 ——————————— 35
園丁 ————————————————— 37
돌각담 ———————————————— 39
뾰죽집 ———————————————— 40
G 마이나 ——————————————— 41
원두막 ———————————————— 42
아우슈비츠 1 ————————————— 43
아우슈비츠 2 ————————————— 44
나의 본적 ——————————————— 45
술래잡기 ——————————————— 46
주름 간 대리석 ———————————— 47
피카소의 낙서 ————————————— 48
문장 수업 ——————————————— 49
소리 ————————————————— 50
왕십리 ———————————————— 51
생일 ————————————————— 52
음악 ————————————————— 53
몇 해 전에 —————————————— 56
라잔스카 ——————————————— 57
부활절 ———————————————— 58

차례

3

서시	61
허공	62
민간인	63
掌篇 1	64
掌篇 2	65
掌篇 3	66
掌篇 4	67
가을	68
스와니강	69
꿈속의 나라	70
샤이안	71
서부의 여인	72
동트는 지평선	73
두꺼비의 轢死	74
시인학교	75
미켈란젤로의 한낮	77
聖河	78
산	79
앞날을 향하여	80
詩作 노트	82
해설/황동규 · 殘像의 미학	83
연보	103

1

물통

희미한
풍금 소리가
툭 툭 끊어지고
있었다

그 동안 무엇을 하였느냐는 물음에 대해

다름 아닌 인간을 찾아다니며 물 몇 통 길어다 준 일
밖에 없다고

머나먼 광야의 한복판 얕은
하늘 밑으로
영롱한 날빛으로
하여금 따우에선

북 치는 소년

내용 없는 아름다움처럼

가난한 아희에게 온
서양 나라에서 온
아름다운 크리스마스 카드처럼

어린 양들의 등성이에 반짝이는
진눈깨비처럼

스와니강이랑 요단강이랑

그 해엔 눈이 많이 나리었다. 나이 어린
소년은 초가집에서 살고 있었다.
스와니강이랑 요단강이랑 어드메 있다는
이야길 들은 적이 있었다.
눈이 많이 나려 쌓이었다.
바람이 일면 심심하여지면 먼 고장만을
생각하게 되었던 눈더미 눈더미 앞으로
한 사람이 그림처럼 앞질러 갔다.

어부

바닷가에 매어둔
작은 고깃배
날마다 출렁거린다
풍랑에 뒤집힐 때도 있다
화사한 날을 기다리고 있다
머얼리 노를 저어 나가서
헤밍웨이의 바다와 노인이 되어서
중얼거리려고

살아온 기적이 살아갈 기적이 된다고
사노라면
많은 기쁨이 있다고

휴가

바닷가에서 낚싯줄을 던지고 앉았다
잘 잡히지 않았다

날갯죽지가 두껍고 윤기 때문에 반짝이는 물새 두 마
리가 날아와 앉았다
대기하고 있었다
살금살금 포복하였다

· · · · ·
· · · ·
· · ·

살아갈 앞날을 탓하면서
한잔해야겠다

겨냥하는 동안 자식들은 앉았던 자릴 급속도로 여러
번 뜨곤 했다
접근하느라고 시간이 많이 흘렀다
미친놈과 같이 중얼거렸다

자식들도 평소의 나만큼 빠르고 바쁘다
숨죽인 하늘이 동그랗다
한 놈은 뺑소니 치고
한 놈은 여름 속에 잡아먹히고 있었다
사람의 손발과 같이 모가지와 같이 너펄거리는 나무가
있는 바닷가에서

올페

올페는 죽을 때
나의 직업은 시라고 하였다
후세 사람들이 만든 얘기다

나는 죽어서도
나의 직업은 시가 못 된다
우주복처럼 月谷에 둥둥 떠 있다
귀환 시각 미정

아틀리에 환상

아틀리에에서 흘러 나오던
루트비히 판의
주명곡
소묘의 보석길

———

한가하였던 娼街의 한낮
옹기장수가 불던
단조

미사에 참석한 이중섭 씨

내가 많은 돈이 되어서
선량하고 가난한 사람들을 위해 맘놓고 살아갈 수 있는
터전을 마련해 주리니

내가 처음 일으키는 미풍이 되어서
내가 불멸의 평화가 되어서
내가 천사가 되어서 아름다운 음악만을 싣고 가리니
내가 자비스런 신부가 되어서
그들을 한 번씩 방문하리니

샹뺑

술을 먹지 않았다.
가파른 산을 올라가고 있었다.
산과 하늘이 한 바퀴 쉬입게
뒤집히었다.

다른 산등성이로 바뀌어졌다.
뒤집힌 산덩어린 구름을 뿜은 채 하늘 중턱에
있었다.

뉴스인 듯한 라디오가 들리다 말았다..
드물게 심어진 잡초가 깔리어진 보리밭은
사방으로 펼치어져 하늬바람이 서서히 일었다.
한 사람이 앞장 서 가고 있었다.

좀 가노라니까
낭떠러지 쪽으로
큰 유리로 만든 자그만 스카이라운지가 비탈지었다.
언어에 지장을 일으키는
난쟁이 화가 로트렉 씨가
화를 내고 있었다.

앙포르멜

나의 무지는 어제 속에 잠든 亡骸 세자르 프랑크가 살던 사원 주변에 머물렀다.

나의 무지는 스테판 말라르메가 살던 본가에 머물렀다.

그가 태던 곰방댈 훔쳐내었다.
훔쳐낸 곰방댈 물고서
나의 하잘것이 없는 무지는
반 고흐가 다니던 가을의 근교 길바닥에 머물렀다.
그의 발바닥 만한 낙엽이 흩어졌다.
어느 곳은 쌓이었다.

나의 하잘것이 없는 무지는
장 폴 사르트르가 경영하는 연탄 공장의 직공이 되었다.
파면되었다.

십이음계의 층층대

석고를 뒤집어쓴 얼굴은
어두운 주간.
한발을 만난 구름일수록
움직이는 나의 하루살이떼들의 시장.
짙은 연기가 나는 뒷간.
주검 일보 직전에 無辜한 마네킹들이 화장한 진열창.
死産.
소리 나지 않는 完璧.

기동차가 다니던 철둑길

할아버지 하나가 나어린 손자 하나를
데리고 살고 있었다.
할아버진 아침마다 손때 묻은 작은 냄비,
나어린 손자를 데리고
아침을 재미있게 끓이곤 했다.
날마다 신명께 감사를 드릴 줄 아는
이들은 그들만인 것처럼
애정과 희망을 가지고 사는 이들은
그들만인 것처럼
때로는 하늘 끝머리에서
벌판에서 흘러오고 흘러가는 이들처럼

이들은 기동차가 다니던 철둑길
옆에서 살고 있었다.

묵화

물 먹는 소 목덜미에
할머니 손이 얹혀졌다.
이 하루도
함께 지났다고,
서로 발잔등이 부었다고,
서로 적막하다고,

드뷔시 산장

결정짓기 어려웠던 구멍가게 하나를 내어놓았다.

〈한 푼 어치도 팔리지 않았음은 물론이고〉

오늘도 지나간 것은 분명 차 한 대밖에 ——

그새
키 작고 현격한 간격의 바위들과
도토리나무들이
어두움을 타 들어앉고
꺼먼 시공뿐.
선회되었던 차례의 아침이 설레다.

—— 드뷔시 산장 부근

대화

두이노성 안팎을 나무다리가 되어서
다니고 있었다 소리가 난다

간혹

죽은 친지들이 보이다가 날이 밝았다
모차르트 동상을 쳐다보고 있었다
아인슈타인에게 인간의 죽음이 뭐냐고
묻는 이에게 모차르트를 못 듣게 된다고
모두모두 평화하냐고 모두모두

한 마리의 새

새 한 마린 날마다 그맘때
한 나무에서만 지저귀고 있었다

어제처럼
세 개의 가시덤불이 찬연하다
하나는
어머니의 무덤
하나는
아우의 무덤

새 한 마린 날마다 그맘때
한 나무에서만 지저귀고 있었다

평화

고아원 마당에서 풀을 뽑고 있었다.
선교사가 심었던 수십 년 되는 나무가 많다.

아직
허리는 쑤시지 않았다.

잘 먹이지도 입히지도 못하지만
잠 깨는 아침마다 오늘 아침에도
어린 것들은 행복한 얼굴을 지었다.

무슨 요일일까

醫人이 없는 병원 뜰이 넓다.
사람들의 영혼과 같이 개재된 푸름이 한가하다.
비인 유모차 한 대가 놓여졌다.
말을 잘 할 줄 모르는 하느님의 것일까.
버리고 간 것일까.
어드메도 없는 연인이 그립다.
공간이 열리어진 파아란 커튼들이
바람 한 점 없다.
오늘은 무슨 요일일까.

背音

몇 그루의 소나무가
얕이한 언덕엔
배가 다니지 않는 바다,
구름 바다가 언제나 내다보였다.

나비가 걸어오고 있었다.

줄여야만 하는 생각들이 다가오는 대낮이 되었다.
어제의 나를 만나지 않는 날이 계속되었다.

골짜구니 대학 건물은
귀가 먹은 늙은 石殿은
언제 보아도 말이 없었다.

어느 위치엔
누가 그린지 모를
풍경의 背音이 있으므로,
나는 세상에 나오지 않은
악기를 가진 아이와
손 쥐고 가고 있었다.

고향

예수는 어떻게 살아갔으며
어떻게 죽었을까
죽을 때엔 뭐라고 하였을까

흘러가는 요단의 물결과
하늘나라가 그의 고향이었을까 철따라
옮아다니는 고운 소릴 내릴 줄 아는
새들이었을까
저물어가는 잔잔한 물결이었을까

2

그리운 안니 로 리

나는 그 동안 배꼽에
솔방울도 돋아
보았고

머리 위로는 몹쓸 버섯도 돋아
보았습니다 그러다가는
〈맥웰〉이라는
老醫의 음성이

자꾸만
넓은 푸름을 지나
머언 언덕가에 떠오르곤 하였습니다

오늘은
이만치 하면 좋으리마치
리본을 단 아이들이 놀고 있음을 봅니다

그리고는
얕은

파아란
페인트 울타리가 보입니다

그런데
한 아이는
처마 밑에서 한 걸음도
나오지 않고
짜증을 내고 있는데

그 아이는
얼마 못 가서 죽을 아이라고

푸름을 지나 언덕가에
떠오르던
음성이 이야기ㄹ 하였습니다

그리운
안니 로 리라고 이야기ㄹ
하였습니다.

園丁

苹果나무 소독이 있어
모기 새끼가 드물다는 몇 날 후인
어느 날이 되었다.

며칠 만에 한 번만이라도 어진
말솜씨였던 그인데
오늘은 몇 번째나 나에게 없어서는
안 된다는 길을 기어이 가리켜주고야 마는 것이다.

아직 이쪽에는 열리지 않는 과수밭
사이인
수무나무 가시 울타리
긴 줄기를 벗어나
그이가 말한 대로 얼만가를 더 갔다.

구름덩어리 얕은 언저리
식물이 풍기어 오는 유리 온실이 있는
언덕 쪽을 향하여 갔다.

안쪽과 주위라면 아무런
기척이 없고 無邊하였다.

안쪽 흙바닥에는
떡갈나무 잎사귀들의 언저리와 프롱드 빛깔의 과실들
이 평탄하게 가득 차 있었다.

몇 개째를 집어보아도 놓였던 자리가
썩어 있지 않으면 벌레가 먹고 있었다.
그렇지 않은 것도 집기만 하면 썩어갔다.

거기를 지킨다는 사람이 들어와
내가 하려던 말을 빼앗듯이 말했다.

    당신 아닌 사람이 집으면 그럴 리가 없다고——.

돌각담

광막한지대이다기울기
시작했다잠시꺼밋했다
십자형의칼이바로꽂혔
다견고하고자그마했다
흰옷포기가포겨놓였다
돌담이무너졌다다시쌓
았다쌓았다쌓았다돌각
담이쌓이고바람이자고
틈을타凍昏이잦아들었
다포겨놓이던세번째가
비었다

뾰죽집

뾰죽집이 바라보이는 언덕에
구름장들이 뜨짓하게 대인다.

嬰兒가 앞만 가린 채 보드라운
먼지를 타박거리고 있다. 놀고 있다.

뾰죽집 언덕 아래에
아치 같은 넓은 문이 트인다.

嬰兒는 나팔 부는 시늉을 했다.

장난감 같은
뾰죽집 언덕에

자줏빛 그늘이 와
앉았다.

G 마이나
──全鳳來 형에게

물
닿은 곳

神羔의
구름 밑

그늘이 앉고

묘연한
옛
G 마이나

원두막

비바람이 훼청거린다
매우 거세다.

간혹 보이던
논두락 매던 사람이 멀다.

산마루에 우산
받고 지나가는 사람이
느리다.

무엇인지 모르게
평화를 가져다 준다.

머지않아 원두막이
비게 되었다.

아우슈비츠 1

어린 교문이 보이고 있었다
한 기슭엔 잡초가

죽음을 털고 일어나면
어린 교문이 가까웠다

한 기슭엔
如前 잡초가,
아침 메뉴를 들고
교문에서 뛰어나온 학동이
학부형을 반기는 그림처럼

복슬강아지가 그 뒤에서 조그맣게 쳐다보고 있었다
아우슈비츠 수용소 철조망
기슭엔
잡초가 무성해 가고 있었다

아우슈비츠 2

관청 지붕엔 비둘기떼가 한창이다 날아다니다간 앉곤 한다
문이 열리어져 있는 교회당의 형식은 푸른 뜰과 넓이를 가졌다
整然한 鋪道론 다정하게
생긴 늙은 우체부가 지나간다 부드러운 낡은 벽돌의
골목길에선 아희들이
고분고분하게 놀고 있고
이 무리들은 제네바로 간다 한다
어린것과 먹을 거 한 조각 쥔 채

나의 본적

　나의 본적은 늦가을 햇볕 쪼이는 마른 잎이다. 밟으면 깨어지는 소리가 난다.
　나의 본적은 거대한 계곡이다.
　나무 잎새다.
　나의 본적은 푸른 눈을 가진 한 여인의 영원히 맑은 거울이다.
　나의 본적은 차원을 넘어 다니지 못하는 독수리다.
　나의 본적은
　몇 사람밖에 안 되는 고장
　겨울이 온 교회당 한 모퉁이다.
　나의 본적은 인류의 짚신이고 맨발이다.

술래잡기

심청일 웃겨보자고 시작한 것이
술래잡기였다.
꿈속에서도 언제나 외로웠던 심청인
오랜만에 제 또래의 애들과
뜀박질을 하였다.

붙잡혔다
술래가 되었다.

얼마 후 심청은
눈 가리개 헝겊을 맨 채
한동안 서 있었다.
술래잡기하던 애들은 안됐다는 듯
심청을 위로해 주고 있었다.

주름 간 대리석

───한 모퉁이는 달빛 드는 낡은 구조의 대리석. 그 마당(사원) 한 구석───
잎사귀가 한잎 두잎 내려앉았다.

피카소의 낙서

뿔과 뿔 사이의 처량한 박치기다 서로 몇 군데 명중되었다 명중될 때마다 산속에서 아름드리 나무 밑둥에 박히는 도끼의 소리다.

도끼 소리가 날 때마다 구경꾼들이 하나씩 나자빠졌다.

연거푸 나무 밑둥에 박히는 도끼 소리.

문장 수업

헬리콥터가 떠 간다
철둑길 연변으론
저녁 먹고 나와 있는 아이들이 서 있다
누군가 담배를 태는 것 같다
헬리콥터 여운이 띄엄하다
김매던 사람들이 제 집으로 돌아간다
고무신짝 끄는 소리가 난다
디젤 기관차 기적이 서서히 꺼진다

소리

산마루에서 한참 내려다보이는
초가집
몇 채

하늘이 너무 멀다

얕은 소릴 내이는
초가집
몇 채

가는 연기들이

지난 일들은 삶을 치르느라고
죽고 사는 일들이
지금은 죽은 듯이
잊혀졌다는 듯이
얕은 소릴 내이는
초가집
몇 채
가는 연기들이

왕십리

새로 도배한
삼간 초옥 한 칸 방에 묵고 있었다.
시계가 없었다.
인력거가 잘 다니지 않았다.

하루는
도드라진 전찻길 옆으로 찰리 채플린 씨와
나운규 씨의 마라톤이 다가오고 있었다.
김소월 씨도 나와서 구경하고 있었다.

며칠 뒤
누가 찾아왔다고 했다.
나가본즉 앉은뱅이 좁은
굴뚝길밖에 없었다.

생일

꿈에서 본 몇 집밖에 안 되는 화사한 소읍을 지나면서

아름드리 나무보다도 큰 독수리가 날아가는 것을 보면서

내일에 나를 만날 수 없는
미래를 갔다

소리 없이 출렁이는 물결을 보면서
돌부리가 많은 광야를 지나

음악
── 마라의 「죽은 아이를 추모하는 노래」에 부쳐서

日月은 가느니라
아비는 석공 노릇을 하느니라
낮이면 대지에 피어난
만발한 구름뭉게도 우리로다

가깝고도 머언
검푸른
산줄기도 사철도 우리로다
만물이 소생하는 철도 우리로다
이 하루를 보내는 아비의 술잔도 늬 엄마가 다루는 그
릇 소리도 우리로다

밤이면 大海를 가는 물거품도
흘러가는 화석도 우리로다

불현듯 돌 쪼는 소리가 나느니라 아비의 귓전을 스치
는 찬바람이 솟아나느니라
늬 관 속에 넣었던 악기로다
넣어주었던 늬 피리로다

잔잔한 온 누리
늬 어린 모습이로다 아비가 애통하는 늬 신비로다 아
비로다

늬 소릴 찾으려 하면 검은 구름이 뇌성이 비바람이 일
었느니라 아비가 가졌던 기인 칼로 하늘을 수없이 쳐서
갈랐느니라
그것들도 나중엔 기진해지느니라
아비의 노망기가 가시어지느니라
돌 쪼는 소리가
간혹 나느니라

맑은 아침이로다

맑은 아침은 내려앉고

늬가 노닐던 뜰 위에
어린 초목들 사이에
神器와 같이 반짝이는

늬 피리 위에
나비가
나래를 폈느니라

하늘나라에선
자라나면 죄짓는다고
자라나기 전에 데려간다 하느니라
죄 많은 아비는 따 우에
남아야 하느니라
방울 달린 은피리 둘을
만들었느니라
정성들였느니라
하나는
늬 관 속에
하나는 간직하였느니라
아비는 살아가는 동안
만지작거리느니라

몇 해 전에

자전거포가 있는 길가에서
자전거를 멈추었다.
바람 나간 튜브를 봐 달라고 일렀다.
등성이 낡은 목조 건물들의
골목을 따라 올라간다.
새벽 같은 초저녁이다.
아무도 없다.
맨 위 한 집은 조금만 다쳐도
무너지게 생겼다.
빗방울이 번지어졌다.
가져갔던 각목과 나무 조각들 속에 연장을 찾다가
잠을 깨었다.

라잔스카

미구에 이른
아침

하늘을
파헤치는
스콥 소리

부활절

성벽에 일광이 들고 있었다
육중한 소리를 내는 그림자가 지났다

그리스도는 나의 산계급이었다고
죄 없는 무리들의 주검 옆에 조용하다고

내 호주머니 속엔 밤 몇 톨이 들어
있는 줄 알면서
그 오랫동안 전해 내려온 전설의
돌층계를 올라가서
낯 모를 아이들이 모여 있는 안쪽으로
들어섰다 무거운 거울 속에 든 꽃잎새처럼
이름이 적혀지는 아이들에게
밤 한 톨씩 나누어주었다

서시

헬리콥터가 지나자
밭이랑이랑
들꽃들이랑
하늬바람을 일으킨다
상쾌하다
이곳도 전쟁이 스치어 갔으리라

허공

사면은 잡초만 우거진 무인지경이다
자그마한 판잣집 안에선 어린 코끼리가
옆으로 누운 채 곤히 잠들어 있다
자세히 보았다
15년 전에 죽은 반가운 동생이다
더 자라고 둬 두자
먹을 게 없을까

민간인

1947년 봄
심야
황해도 해주의 바다
이남과 이북의 경계선 용당포

사공은 조심조심 노를 저어가고 있었다.
울음을 터뜨린 한 嬰兒를 삼킨 곳.
스물 몇 해나 지나서도 누구나 그 수심을 모른다.

掌篇 1

　　아작아작 크고 작은 두 마리의 염소가 캐비지를 먹고 있다.
　　똑똑 걸음과 울음소리가 더 재미있다.
　　인파 속으로 열심히 따라가고 있다.
　　나 같으면 어떤 일이 있어도 녀석들을 죽이지 않겠다.

掌篇 2

조선총독부가 있을 때
청계천변 10전 균일 상 밥집 문턱엔
거지 소녀가 거지 장님 어버이를
이끌고 와 서 있었다
주인 영감이 소리를 질렀으나
태연하였다
어린 소녀는 어버이의 생일이라고
10전짜리 두 개를 보였다

掌篇 3

사람은 죽은 다음
천국이나 지옥에 간다 하지만
나는 틀린다
여러 번 죽음을 겪어야 할
아무도 가본 일 없는
바다이고
사막이다.

작고한 心友銘
全鳳來 詩
金洙暎 詩
林肯載 문학평론가
鄭 圭 화가

掌篇 4

정신병원에서 밀려나서
며칠이 지나는 동안 살아가던
가시밭길과 죽음이 오고 가던
길목의 광채가 도망쳤다
다만 몇 그루의 나무가 있는
변방과 시간의 차원이 없는 고희의
계단과 복도와 엘리자베스 슈만의
높은 천장을 느낀다

가을

아열대에서 죽을 힘 다하여 살아온 나에게
햇볕 깊은 높은 산이 보였다
그 옆으론
대철교의 가설
어디로 이어진지 모를
대철교의 마디마디는
요한의 칸타타이다
어지러운 문명 속에서 날은 어두워졌다

스와니강

스와니강 가엔 바람이 불고 있었다
스티븐 포스터의 허리춤에는 먹다 남은
술병이 매달리어 있었다
날이 어두워지자

그는
앞서가고 있었다

영원한 강가 스와니
그리운
스티븐

꿈속의 나라

한 귀퉁이

꿈 나라의 나라
한 귀퉁이

나도향
한하운 씨가
꿈속의 나라에서

뜬구름 위에선
꽃들이 만발한 한 귀퉁이에선

지그문트 프로이트가
구스타프 말러가
말을 주고받다가
부서지다가
영롱한 날빛으로 바꾸어지다가

샤이안

1865년 와이오밍 콜라우드산 아래

뙤약볕 아래
망아지 한 마리
맴돌고 있다

다 죽었다 까라꾸라 마부리 까당다 살았다

날마다 날갯죽지 소리 거칠다
머얼리 번득일 때 있다
넓은 천지 호치카* 먹는다

* 호치카 : 뱀.

서부의 여인

한 여인이 병들어가고 있었다
그녀의 남자도 병들어가고 있었다
일 년 후 다시 만나기로 하고 헤어졌다
그 일 년은 너무 길었다

그녀는 다시 술집에 전락되었다가 죽었다
한 여인의 죽음의 문은
서부 한복판
돌막 몇 개 뚜렷한
어느 평야로 열리고

주인 없는
馬는 엉금엉금 가고 있었다

그 남잔 샤이안족이
그녀는 목사가 묻어주었다

동트는 지평선

연인의 신호처럼
동틀 때마다
동트는 곳에서 들려오는
가늘고 선명한
악기의 소리

그 사나이는 유목민처럼
그런 세월을 오래오래 살았다
날마다 바꾸어지는 지평선에서

두꺼비의 轢死

갈 곳이 없었다

비가 쏟아지고 있었다
버스를 기다리고 있었다

두꺼비 한 마리가 맞은편으로 어기적 뻐기적 기어가고 있었다 연신 엉덩이를 들썩거리며 기어가고 있었다 차량들은 적당한 시속으로 달리고 있었다
  수없는 차량 밑을 무사 돌파해 가고 있으므로 재미있게 보였다

  ……

대형 연탄차 바퀴에 깔리는 순간의 擴散 소리가 아스팔트길을 진동시켰다 비는 더욱 쏟아지고 있었다
  무교동에 가서 소주 한잔과 설렁탕이 먹고 싶었다

시인학교

공고

오늘 강사진

음악 부문
모리스 라벨

미술 부문
폴 세잔느

시 부문
에즈라 파운드
모두
결강.

金冠植, 쌍놈의 새끼들이라고 소리지름. 지참한 막걸리를 먹음.
교실 내에 쌓인 두꺼운 먼지가 다정스러움.

金素月
金洙暎 휴학계

全鳳來
金宗三 한 귀퉁이에 서서 조심스럽게 소주를 나눔. 브란덴부르크 협주곡 제5번을 기다리고 있음.

校舍.
아름다운 레바논 골짜기에 있음.

미켈란젤로의 한낮

巨岩들의 광명
대자연 속
독수리 한 놈 떠 있고
한 그림자는 드리워지고 있었다.

聖河

잔잔한 聖河의 흐름은
비나 눈 내리는 밤이면
더 환하다.

산

샘물이 맑다 차갑다 해발 3천 피트이다

온통

절경이다

새들의 상냥스런 지저귐 속에

항상 마음씨 고왔던

연인의 모습이 개입한다

나는 또다시

가슴 에이는 머저리가 된다

앞날을 향하여

나는 입원하여도 곧 죽을 줄 알았다.
십여 일 여러 갈래의 사경을 헤매다가 살아나 있었다.
현기증이 심했다.
마실을 다니기 시작했다.
시체실 주위를 배회하거나
죽어가는 사람의 침대 옆에 가 죽어가는 얼굴을 들여다보다가
긴 복도를 왔다갔다 하였다.
특별치료 병동 중환자 보호자 대기실에 놀러 가곤 했다.
시체실로 직결된 후문 옆에 있었다.
중환자실 후문인 철문이 덜커덩 소릴 내이며 열리면 모두 후다닥 몰려 나가는 곳이 중환자 보호자 대기실이었다.
한 아낙과 어린것을 안은 여인이 나를 유심히 보고 있었다. 나는 냉큼 손짓으로 인사하였다.
그들은 차츰 웃음을 짓고 있었다. 말벗이 되었다.
그인 살아나야만 한다고 하였고 오래된 저혈압인데 친구분들과 술추렴하다가 쓰러졌다.
산소호흡 마스크를 입에 댄 채 이틀이 지나며 산소 호

흡기 사용료는 한 시간에 오천 원이며 보증금은 삼만 원 들여놓았다며
 팔려고 내놓은 판잣집이 팔리더라도 진료비 절반도 못 된다며, 살아나 주기만 바란다고 하였다.
 나는 그들을 만날 때마다 반겼다. 그들도 나를 그랬다.
 십구 일 동안이나 의식 불명이 되었다가 살아난 사람도 있는데 뭘 그러느냐고 큰소리치면 그들은 그저 만면에 즐거운 미소를 지었다.
 며칠이 지난 새벽녘이었다.
 아래층으로 내려가는 좁은 계단을 내려가고 있을 때, 어둠한 계단 벽에 기대고 앉아 잠든 아낙이 낯익었다.
 가망이 없다는 통고를 받았다는 것이다.
 그이가 생존할 때까지 돈이 아무리 들어도
 그이에게서 산소호흡기를 떼어서는 안 된다고 조용히 조용히 말하고 있었다.
 되풀이하여 조용히 조용히 말하고 있었다.

詩作 노트

    담배 붙이고 난 성냥개빗불이 꺼지지 않는다. 불어도 흔들어도 꺼지지 않는다. 손가락에서 떨어지지도 않는다.
    새벽이 되어서 꺼졌다.
    이 시각까지 무엇을 하며 살아왔느냐다. 무엇 하나 변변히 한 것도 없다.
    오늘은 찾아가 보리라.
    死海로 향한
    아담橋를 지나

    거기서 몇 줄의 글을 감지하리라.

    遼然한 유카리나무 하나.

잔상(殘傷)의 미학
―― 김종삼의 시세계

황동규

1

여백이 완벽보다 더 꽉 차 보이는 때가 있다. 잘 짜인 일상 가운데서 일부를 떼어내어 거기 달려 있는 창에 창호지를 발라 안이 안 보이게 한 후 그 속에 들어가지 않는 쾌감이 있는 것이다. 그 쾌감에는 반성을 거부하는 어떤 것이 들어 있다.

김종삼의 시는 반성을 거부한다. 거의 변함없이 30년 가까이 우리 곁에 있어 왔으면서도 그의 작품이 주는 이해와 감동이 늘 그만하게 남아 있는 이유는 자신의 정체를 드러내는 일을 극도로 삼가는 그의 성격 때문이기도 하겠지만 (그가 산문을 쓰기 싫어하는 것도 같은 선에서 해석될 수 있을 것이다), 그보다도 그의 시가 여백의 시이기 때문이라고 생각된다.

그 특성은 개개의 작품 뒤에 있는 그의 〈시〉를 사랑하거나 미워하기 힘들게 만든다. 혹은 미움과 사랑이 섞인 인간다운 반응을 하기 힘들게 만든다. 표면에 보이는 그는 언제나 되도록 현실에서 물러서서 자기만의 세계를 지키는 것처럼 보인다. 그 세계는 등장 인물이 누구든 관계없이 김종삼의 시적 분신이 단독으로 연출하는 팬터마임으로 되어 있다는 느낌을 준다. 레퍼토리는 약간의 예외는 있지만 한결같이 〈내용 없는 아름다움〉(「북 치는 소년」)이다.

그것은 그의 시로서는 최초로 묶여진 3인 시집 『전쟁과 음악과 희망』(1957)부터 1978년 9월의 시「시작(詩作) 노트」까지 일관성 있게 관통하는 특성이다. 6·25전쟁 도중에 씌어진 작품에 전쟁이나 폐허에 대한 언급이 거의 없을 뿐만 아니라 전쟁을 겪는 다른 인간들의 모습도 등장하지 않는다. 예외로 전봉래(全鳳來)의 죽음에 대한 시가 한 편 있지만 그것도 한 개인의 죽음에 대한 작품일 뿐이다. 그의 초·중기 시는 어린 날의 추억으로 차 있다. 현실에 대한 접근은 그 자신의 건강과 가난을 통해서뿐이며 그것도 미화되어 있고 또 최근의 동향이라고 할 수 있다. 그의 고통이 다른 사람들의 고통으로 확산되는 일은 거의 없다. 과연 그럴까? 그렇다면 그 정신의 구조는 어떤 것일까? 그리고 그 구조는 우리 시의 어떤 흐름과 관계 있을까?

그 동안 김종삼에 대하여 부피 있는 비평을 한 사람은 거의 없다. 드문 예외 가운데 하나로 김현이 있는데, 그는 김종삼의 시 세계를 방황이라고 보았다. 그리고 그 방황의 근거를 시인과 세계와의 불화에서 찾았다. 김현에 의하면 김종삼이 최초로 발표한 작품 「원정(園丁)」에서부터 그 불화가 나타나고 있으며 그 시의 마지막 부분에서 특히 두드러지게 보인다.

안쪽 흙바닥에는
떡갈나무 잎사귀들의 언저리와 프롱드 빛깔의 과실들이
평탄하게 가득 차 있었다.

몇 개째를 집어 보아도 놓였던 자리가
썩어 있지 않으면 벌레가 먹고 있었다.
그렇지 않은 것도 집기만 하면 썩어갔다.

거기를 지킨다는 사람이 들어와
내가 하려던 말을 빼앗듯이 말했다.

    당신 아닌 사람이 집으면 그럴 리가 없다고——.

  과수원에서 자기가 집은 과일마다 썩어 있다거나 벌레 먹은 것이라는 발견은 썩지 않은 것도 자기가 집으면 썩는다는 비극적인 생각으로 발전해 나간다. 다른 사람이 집으면 그럴 리가 없다는 〈원정〉의 단정적 발언은 그와 세계와의 불화를 객관적으로 판정한다. 그 세계와의 불화는 흔히 부모 없는 불행한 아이들의 놀이로 표상된다(김현, 『시인을 찾아서』, 민음사, 1975, 42쪽).
  부모나 다른 생(生)의 관계로부터 격리된 상태에 있는 아이들의 놀이가 그의 시 상당수의 소재가 되고 있음을 상기할 때 김현의 판단은 설득력을 지닌다. 그리고 불화의 결과로 방랑을 하게 된다는 논리의 전개도 소유 관념이 거의 없는 그의 시적 분신(방랑자에게 소유 관념이 무엇이겠는가)을 만날 때 타당성을 지닌다. 그러나 그의 명제는 이 시대에 이 땅에서 시인과 세계와의 화기 애애함은 과연 무엇인가라는 의문도 낳게 하는 것이다. 랭보의 말대로 흠 없는 혼이 어디 있겠는가?

　김현의 김종삼 이해는 금년에 나온 시집 『시인학교』를 참조하지 못한 한계를 조금이나마 지니고 있을 것이다. 『시인학교』에는 서시(序詩) 비슷하게 다음 6행이 적혀 있다.

헬리콥터가 지나자
밭이랑이랑
들꽃들이랑
하늬바람을 일으킨다
상쾌하다
이곳도 전쟁이 스치어 갔으리라.

　전쟁이 있을 때는 언급이 없던 〈전쟁〉이 느닷없이 등장한다. 그러나 그것보다도 헬리콥터에 의해 흔들리는 들꽃을 분별할 수 있는 거리에서라면 분명히 들렸을 시끄러운 날개소리가 빠져 있다. 〈상쾌하다〉고 그는 말한다. 김종삼의 이해를 위해서는 세계와의 불화와 거기서 연유되는 방황 앞에 참조항이 더 필요하다는 생각이 든다.
　그러나 그것을 밝히기 전에 그의 독특한 시 형태에 대한 살핌이 선행되어야 할 것이다. 그의 시를 〈김종삼의 시〉로 있게 하는 것은 무엇보다도 그의 시행과 시행 사이의 특이함 때문이다. 텍스트로는 주로 『십이 음계』(삼애사, 1969)와 『시인학교』(신현실사, 1977)를 썼다.

2

위의 두 책은 김종삼이 쓴 거의 모든 시를 담고 있다. 중간에 그는 초기 시들을 고친 흔적이 있다(신구문화사, 『한국전후문제시집』참조). 그 수정이 위 두 시집에서는 다시 원형 복귀가 되었다. 이 사실만 가지고 그의 시계(時界)의 무변화를 단정할 수는 없지만 그의 정신의 일면을 엿볼 수 있는 것으로 생각된다. 그는 출발과 도착이 아주 비슷한 희귀한 예에 속하는 시인이다.

우선 그의 작품 가운데 비교적 잘 알려져 있는 「물통」을 읽어보기로 하자.

희미한
풍금 소리가
툭 툭 끊어지고
있었다

그 동안 무엇을 하였느냐는 물음에 대해

다름 아닌 인간을 찾아다니며 물 몇 통 길어다 준 일밖에 없다고

머나먼 광야의 한복판 얕은
하늘 밑으로
영롱한 날빛으로
하여금 따우에선

아름답다는 느낌과 동시에 당혹감을 받게 될 것이다. 완전한 문장 형태를 갖추고 있는 것은 첫 연의 4행뿐이다. 제2, 제3연은 합쳐져야 하나의 의미 단락을 이룰 것 같은데도 나뉘어 있다. 그리고 제3연 끝머리는 동사의 출현을 강력히 요구하는 〈……준 일밖에 없다고〉라는 어미를 가지고 있다.
 제4연, 즉 마지막 연에는 동사가 나타나지 않는다. 의도적으로 혼란을 일으키려는 듯이 문장의 맥락이 흐트러져 있다. 물론 시에서 산문과 같은 정도의 논리적인 맥락을 요구할 수는 없을지 모른다. 그렇다고 해서 밑도 끝도 없이 〈영롱한 날빛으로/하여금 따우에선〉이라는 끝맺음은 다른 시인의 작품과는 다른 접근을 요구하는 신호로 볼 수밖에 달리 도리가 없는 것이다.
 그러나 그것보다도 더 놀라운 언급을 이 시는 담고 있는 것으로 보인다. 그의 시 전체를 통해서 〈다름 아닌 인간을 찾아다니며 물 몇 통 길어다 준 일밖에 없다〉는 극히 인간적인 행위를 보여주는 구절이 없기 때문이다. 그렇다면 이 시는 예외인가? 아니면 이 시에 대한 우리의 이해에 어떤 부족함이 개재되어 있는 것인가?
 한 시의 형태 파악을 위해서는 그 시인이 쓴 다른 시들과 비교해 볼 필요가 있다. 김종삼처럼 특이한 시인에 있어서는 더욱 그러하다. 예를 들자면 여러 편이겠지만 비슷한 시기에 씌어진 「어부(漁夫)」를 들어보자.

　　바닷가에 매어둔
　　작은 고깃배
　　날마다 출렁거린다
　　풍랑에 뒤집힐 때도 있다

화사한 날을 기다리고 있다
머얼리 노를 저어 나가서
헤밍웨이의 바다와 노인이 되어서
중얼거리려고

살아온 기적이 살아갈 기적이 된다고
사노라면
많은 기쁨이 있다고

 이 시도 동사를 기다리는 불완전한 종결어미를 갖고 있다. 그러나 「물통」보다는 훨씬 단순한 틀을 지니고 있기 때문에 〈많은 기쁨이 있다고〉 다음에 앞 연의 끝머리 〈중얼거리려고〉가 생략되어 있음을 금세 추측할 수 있다. 그 밖의 다른 해석은 거의 불가능하다. 그리고 한 걸음 더 나가보면 또 그 뒤에 〈화사한 날을 기다리고 있다〉를 첨가할 수 있을 것이다.
 〈중얼거림〉의 의미는 다음에 그의 정신을 살필 때 찾기로 하자. 위의 이해를 「물통」으로 옮기면 〈영롱한 날빛으로/하여금 따우에선〉 다음에 그 앞 연의 〈다름 아닌 인간을 찾아다니며 물 몇 통 길어다 준 일밖에 없다고〉를 보충해야 할 것이다. 그렇게 되면 〈하여금〉이라는 시킴토씨의 역할도 분명해진다. 땅 위에서는 영롱한 날빛을 시켜 물 몇 통 길어다 준 일밖에 없다는 정연한 발언이 되기 때문이다. 즉,

머나먼 광야의 한복판 얕은 하늘 밑으로
영롱한 날빛으로 하여금 따우에선
다름 아닌 인간을 찾아다니며 물 몇 통……

으로 되는 것이다. 더 완전한 문장이 요구된다면 첫 연 4행을 그 뒤에 다시 붙여도 될 것이다.

제2연과 제3연 사이의 간격도 제3연의 끄트머리 반복을 시각적으로 암시하고 있다. 그 뒤에 또 제1연이 반복된다면 희미한 풍금 소리가 되살아나기도 하고 전체적으로 꼬리에 꼬리를 무는 일종의 윤무의 쾌감이 생겨나기도 할 것이다.

그러나 그 무엇보다도 김종삼 정신에 맞지 않는 것으로 보이던 〈다름 아닌 인간을 찾아다니며 물 몇 통 길어다 준 일〉이 새로운 각도의 조명을 받게 된다는 점에서 위의 해석은 필요하다. 김종삼 자신 혹은 그의 시적 분신이 물을 길어다 준 것이 아니라 〈내용 없는 아름다움〉과 환치될 수도 있는 〈영롱한 날빛〉을 시켜 물을 길어다 주었다는, 다시 말해서 우리에게 낯익은 김종삼을 보여주는 것이다. 그것은 인간적인 행위와 김종삼 사이의 거리를 보여주기도 하지만 동시에 제스처를 삼가는 한 예술가의 진실을 뚜렷이 드러내 주기도 한다.

이런 식의 생략법은 또 하나 잘 알려진 작품 「북 치는 소년」에서는 더욱더 적극적으로 나타난다.

    내용 없는 아름다움처럼

    가난한 아희에게 온
    서양 나라에서 온
    아름다운 크리스마스 카드처럼

    어린 양들의 등성이에 반짝이는
    진눈깨비처럼

언뜻 보면 비교를 요하는 〈……처럼〉의 비교 대상이 전혀 없는, 문장을 채 못 이루는 세 더미의 낱말 무리로 된 작품 같다. 그러나 이 시의 끝 행인 〈진눈깨비처럼〉 다음에 제목 「북 치는 소년」을 덧붙이면 전체 맥락이 살아나는 것이다.
　그는 지금 서양 소년이 북 치는 그림을 보고 있다. 그 소년과 자신을 동일시하지는 않는다. 다만 생소함과 아름다움을 동시에 느끼고 있을 뿐이다. 그 생소함과 아름다움을 보여주는 표현이 〈내용 없는 아름다움〉이다. 구체적인 비교 대상인 〈북 치는 소년〉이 시 본문에서 생략되어 공백으로 되면서 〈내용 없는〉이라는 표현과 얼마나 절실히 어울리는 틀을 만드는가.
　단지 생략뿐 아니라 의도적인 공백도 그의 시에 자주 나타난다. 예로서 「한 마리의 새」를 읽어보자.

　　새 한 마린 날마다 그맘때
　　한 나무에서만 지저귀고 있었다

　　어제처럼
　　세 개의 가시덤불이 찬연하다
　　하나는
　　어머니의 무덤
　　하나는
　　아우의 무덤

　　새 한 마린 날마다 그맘때
　　한 나무에서만 지저귀고 있었다

이 조그만 스케치 속에서 〈세 개의 가시덤불〉이라는 이미지는 〈찬연하다〉라는 형용사의 도움까지 받아 상당히 강조되고 있다. 그 가시덤불들은 다음에 곧 무덤들로 변형된다. 그러나 두 개의 가시덤불──무덤은 나타나 있으나 나머지 하나는 빠져 있다. 혹시 복원시킨다면 〈하나는/아우의 무덤〉 다음에 〈하나는/그대의 무덤〉 또는 〈하나는/나의 무덤〉이 들어갈 것으로 보이지만 빠지고 공백으로 남아 있는 것이다.

「휴가」는 여섯 연 가운데 제3연의 3행 12자가 〈······/······/···〉로 생략되어 있다. 전후 문맥으로 보아 반체제적인 발언이나 음란죄에 걸릴 표현을 생략한 것으로 볼 수는 없다. 그보다는 앞뒤의 활자들 사이에서 점으로 찍혀 있는 공간이 일상 속에서의 휴가를 상기시켜 주는 효과를 노린 것으로 판단되는 것이다.

김종삼 시의 형태상의 특징을 찾아 우리는 시 몇 편을 읽었다. 다섯 편 모두 『한국전후문제시집』(1964) 이후에 발표된 것으로 그가 자기의 틀을 완성한 후의 작품이다. 이제 그의 틀 속에서 생략 혹은 공백이 우리에게 주는 것은 무엇인가를 물을 때가 되었다. 시에서 공백이란 무엇인가? 무엇이 그 공백으로 하여금 긴장을 일으키게 하고 비록 순간적이긴 하지만 절묘한 아름다움을 느끼게 해주는가? 그리고 그것은 왜 느끼기는 쉽지만 딱히 집어 말하기는 힘든가?

그것은 그가 노리는 것이 잔상 효과(殘像效果)이기 때문이다. 언어 습관이나 일상 생활 면으로 보면 꼭 있어야 할 것을 꼭 있을 자리에서 빼버리고 그 빈자리에 앞서 나온 시행들의 울림을 있게 하는 것이기 때문이다. 그것은 감각의 관성(慣性)을 이용한 것이다. 그 누구보다도 그는 이 관성의 특징을 이용하고 있다.
 그러나 감각의 관성은 다 아름다움을 일으켜주는가라는 의문이 생긴다. 그리고 우리가 시를 써놓고 그 어느 부분을 빼버리면 잔상이 떠오를 것인가라는 질문도 있을 수 있는 것이다. 이 질문은 자연스럽게 그의 시 세계 내부로 우리를 인도해 준다.

3

 김종삼의 시행 생략 혹은 공백의 내부에는 「물통」의 〈다름 아닌 인간들을 찾아다니며〉라는 구절이 암시하는 인간 부재 의식이 들어 있다. 초기 시부터 최근 시에 이르기까지 그의 작품에는 사람과 사람 사이의 주고받음이 제한되어 있다. 인간들은 서로 단절되어 있다. 살아 있는 어른들은 거의 등장하지도 않는다. 어른들 대신에 자주 등장하는 아이들도 다른 아이들로부터 단절된 상태에 있는 것이다. 「술래잡기」에서 술래가 되는 심청이나, 「그리운 안니 로 리」에서 처마 밑에서 머뭇대는 얼마 못 가서 죽을 아이는 모두 고독한 아이로 존재한다.
 그의 시에 형무소, 미션 병원, 고아원들이 자주 나타나는 것은 우연이 아니다. 이국 정취를 느끼게 해주는 「뾰죽집」에서도 〈嬰兒가 앞만 가린 채 보드라운 먼지를 타박거리고〉 있을 뿐이다. 혼자 놀고 있는 것이다. 모두 혼자 있다. 「스와니강이랑 요단강이랑」의 초가집에서 사는 소년도 마찬가지다.

그 해엔 눈이 많이 나리었다. 나이 어린
소년은 초가집에서 살고 있었다.
스와니강이랑 요단강이랑 어드메 있다는
이야길 들은 적이 있었다.

이 소년도 다른 아이들과의 놀이나 자기가 사는 초가집 근처의 지형에는 아랑곳 않고 서양 노래 속에 나오는 강 이름에만 관심을 갖고 있다. 모두 「북 치는 소년」처럼 존재하고 있는 것이다.

그의 시에 나오는 인간 이름들도 거의 죽은 사람들, 즉 부재와 관련되어 있다. 죽은 사람들이기 때문에 죽음과의 연관 속에 이해해야 한다고 주장할 수도 있지만, 그 죽음들에 김종삼의 생이 참여한 흔적이 보이지 않기 때문에 부재 의식과 연관되어 있다고 볼 수밖에 없다. 그것도 대부분 외국 예술가들이어서 더욱 그렇다.

그의 시 묶음 모두에 나오는, 따라서 그가 큰 애착을 지니고 있다고 추측해도 좋은 초기 시 「돌각담」은 이 부재 의식을 단적으로 보여주고 있다.

광막한지대이다기울기
시작했다잠시꺼밋했다
십자형의칼이바로꽂혔
다견고하고자그마했다
흰옷포기가포겨놓였다
돌담이무너졌다다시쌓
았다쌓았다쌓았다돌각
담이쌓이고바람이자고

>   틈을타凍昏이잦아들었
>   다포겨놓이던세번째가
>   비었다

　김춘수의 〈무의미 시〉의 전형적인 표본으로 삼아도 좋을 듯이 보인다. 자유 연상에 의한 이미지 조합으로 판단되는 것이다. 그러나 자세히 살펴보면 〈광막한 지대〉의 수평선과 〈기울기 시작했다〉의 사선(斜線), 〈십자형 칼〉의 수평선과 수직의 포개짐, 그 행위의 반복 등이 골격을 이루고 있는 것이다.
　여기서 끝머리 〈포겨놓이던세번째가비었다〉에 주목할 필요가 있다. 그것은

>   어드메도 없는 연인이 그립다
>   　　　　　　　　　　　──「무슨 요일일까」

>   내일에 나를 만날 수 없는
>   미래를 갔다
>   　　　　　　　　　　　──「생일」

>   나는 세상에 나오지 않은
>   악기를 가진 아이와
>   　　　　　　　　　　　──「背音」

들과 같이 부재 의식과 연결되어 있는 것이다. 그러나 더욱더 자세히 보면「무슨 요일일까」의 〈어드메도 없는 연인〉 앞뒤는

비인 유모차 한 대가 놓여졌다.
말을 잘 할 줄 모르는 하느님의 것일까.
버리고 간 것일까.
(중략)
공간이 열리어진 파아란 커튼들이
바람 한 점 없다.

같은 구체적이고 아름다운 영상들이 둘러싸고 〈아무 데도 없는〉이라는 빈 공간을 잔상으로 메우고 있다. 「생일」도 마찬가지다.

　　꿈에서 본 몇 집밖에 안 되는 화사한 소읍을 지나면서

　　아름드리 나무보다 더 큰 독수리가 날아가는 것을 보면서

　　내일에 나를 만날 수 없는
　　미래를 갔다

　　소리 없이 출렁이는 물결을 보면서
　　돌부리가 많은 광야를 지나

　그의 부재는 추상적인 시행 사이나 명제적인 구절 사이에 있지 않다. 〈화사한 소읍〉, 〈나무보다 더 큰 독수리의 비상〉 〈소리 없이 출렁이는 물결〉들 사이에 스크린처럼 비어 잔상이 비치는 부재인 것이다. 「배음(背音)」의 〈세상에 나오지 않은 악기〉, 즉 신비한 부재 악기도 〈배가 다니지 않는 구름 바다〉, 〈걸어오는 나비〉, 〈누가 그린지 모를/배음〉들이

어울려 비치는 악기인 것이다.

아름다움이 들어 있는 부재는 그 자체만으로 자족(自足)의 세계를 이루게 된다. 생과의 관계를 최대한도로 단절하고(「어부」에서 바다로 나가고 싶어하는 이유가 혼자서 〈중얼거리려고〉였음을 상기하자), 아름다움 그것도 〈내용 없는 아름다움〉을 추구하는 것을 우리는 미학주의 aestheticism의 한 극치라고 부르지 않을 수 없다. 이 용어가 아직 낯설게 들린다면 순수시의 극단적인 표본이라고 할 수 있을 것이다. 그동안 우리는 〈순수〉를 〈참여〉의 반대편이 되는 개념, 즉 정치 용어의 테두리 속에서 주로 사용해 왔다. 김종삼이야말로 우리의 현대시가 낳은 가장 완전도가 높은 순수시인이라 말할 수 있다. 그의 시와 나란히 놓일 때 흔히 순수시의 표본으로 보이던 박목월과 김춘수의 작품들은(가치 판단을 하자는 의도가 아니다) 인간적인 반응이 뚜렷한 시들로 변모되는 것이다.

4

미학주의자 또는 순수시인으로서의 위치가 밝혀져도 그의 전모 가운데 채 드러나지 않는 부분이 있다. 순수시인 가운데는 말라르메처럼 엄격한 생을 살다 간 시인도 있고 또 그런 생활은 우리나라에서 흔히 답습되고 있기도 한 것이다. 김종삼에게는 김현이 일찍이 통찰력을 가지고 방랑아라고 이름 붙인 어떤 것이 있다. 보헤미아니즘은 1950년대에 몇몇 예술가들을 매료시킨 풍조였다. 박인환, 이중섭, 김관식들로 이루어진 이 예술가 무리는 1960년대에 들어와 내면 의식을 탐구하는 그룹과 현실 참여를 하는 그룹이라는 두 벽에 부딪히게 된다. 김종삼이 그처럼 오랫동안 제대로 받아들여지지 않는 이유도 어쩌면 여기서 찾아야 할는지 모른다. 소시민주의자들과 대시민주의자들 틈에 무시민주의자가 설 땅은 없었던 것이다. 그는 희귀한 보헤미안 생존자인 것이다.

김종삼이 혼자 살아남게 된 데는 예술을 사랑하는 그의 소양이 욕심보다 더 컸기 때문일 것이다. 욕심 없는 소양이 시에 계속적인 절제를 부여했기 때문이다. 그 소양의 단점 가운데 하나로 서양의 고유명사들이 너무 많이 작품에 나타나 이따금 눈살을 찌푸리게도 하지만, 그것도 필연성 없이 이국 정취를 살리려는 다른 시인들에 비하면 적절하게 사용되고 있는 것이다. 때로는 이국 정취 혹은 분위기와는 거리가 멀게 사용되기도 한다.

생활을 위해 구멍가게를 연 상태의 치사스럽고 괴로운 상황을 이기기 위해 드뷔시가 동원되기도 하는 것이다. 「드뷔시 산장」을 읽어보자.

결정짓기 어려웠던 구멍가게 하나를 내어놓았다.

〈한 푼 어치도 팔리지 않았음은 물론이고〉

오늘도 지나간 것은 분명 차 한 대밖에──

그새
키 작고 현격한 간격의 바위들과
도토리나무들이

어두움을 타 들어앉고
꺼먼 시공뿐.
·선회되었던 차례의 아침이 설레다.
—— 드뷔시 산장 부근

박인환이나 그 밖의 젊은 시인들이 사용하는 외래어와는 방향을 달리하는 것이다. 멋으로 썼다기보다는 환상으로 현실을 견디어내려는 의지로 쓴 것으로 판단되는 것이다. 그것은 현실의 가난이 자주 소재가 되는 최근 시 「허공」의 코끼리 환상과 같은 성질의 것이라고 볼 수 있다.

사면은 잡초만 우거진 무인지경이다
자그마한 판잣집 안에선 어린 코끼리가
옆으로 누운 채 곤히 잠들어 있다
자세히 보았다
15년 전에 죽은 반가운 동생이다
더 자라고 둬 두자
먹을 게 없을까

그의 요즘 생활을 잘 아는 나에게 〈판잣집〉과 〈먹을 게 없는 배고픔〉은 현실적으로 절실하게 들린다. 그러나 그는 가난하다거나 배고프다는 발언을 삼가고 환상을 병치시킨다. 그렇게 함으로써 괴로움 대신 아름다움이 태어나는 것이다.

그 가난 위에 얼마 전부터 악화된 건강이 겹쳐진다. 그러나 예술에 대한 소양과 거기서 나오는 절제는 그대로 간직된다. 금년 8월에 발표된 「앞날을 향하여」는 그가 사경을 헤맨 병원 생활의 기록이다. 그의 시치고는 길고 또 일관된 이야기도 갖고 있다. 그러나 감상이나 넋두리는 조금도 들어 있지 않다.

> 나는 입원하여도 곧 죽을 줄 알았다.
> 십여 일 여러 갈래의 사경을 헤매다가 살아나 있었다.
> 현기증이 심했다.
> 마실을 다니기 시작했다.
> 시체실 주위를 배회하거나
> 죽어가는 사람의 침대 옆에 가 죽어가는 얼굴을 들여다보다가

〈살아났다〉가 아니라 〈살아나 있었다〉라고 객관적으로 사태를 보는 시선까지도 그대로 지니고 있다. 그렇다고 자신을 왜소하게 축소시키지 않고, 일종의 여유까지 느끼게 해 준다.

그러다가 그는 특별치료 병동 중환자실에 놀러가서 의식불명으로 들어온 남편의 병 바라지를 하고 있는 가난한 여자를 만난다. 할 수 있는껏 여자를 위로해 준다. 그러나 결국 그네의 남편은 가망이 없다는 통고를 받는다. 그네는 〈그이가 생존할 때까지 돈이 아무리 들어도(가지고 있는 판잣집이 팔리더라도 진료비의 절반밖에 안 된다는 진술이 앞에 나온다)/그이에게서 산소호흡기를 떼어서는 안 된다고 조용히 조용히〉 그리고 거듭 말하는 것이다.

가난한 사람 사이의 유대감이 죽음 앞에서 생을 생답게 만들고 있는 것이다. 그러고 보면 비교적 최근 시들을 모은 『시인학교』(1977)에는 인간과 인간 사이의 관계를 노래한

시들이 여럿 들어 있는 것도 생각난다. 미학주의자의 생활 복귀 현상인가? 나이 탓인가? 그러나 속단해서는 안 될 것이다. 「앞날을 향하여」와 거의 비슷한 시기에 발표된 시 「시작(詩作) 노트」는 죽다 살아난 것을

    死海로 향한
    아담橋를 지나

로 극히 미학주의자식으로 표현하고 있는 것이다(여기서도 외국 고유명사의 적절한 사용을 본다). 죽음을 향하다가 재생을 얻은 사실을 이처럼 단순하게, 그리고 환상적으로 표현할 수 있는 힘이 그에게 있는 것이다. 사경을 헤맨 것도 담배를 붙이고 나서 꺼지지 않는 성냥불로 환치되어 있고, 사경에서 헤어나 보게 되는 생명도 〈요연(瞭然)한 유카리나무 하나〉로 이미지화되어 있다. 서양에서 유카리, 즉 유칼립투스는 생명의 상징이다. 〈생명〉을 〈요연한〉이라는 형용사로 바꾼 섬세함도 주목해야 하리라.
  생활 복귀로 갈 것인가, 미학주의자로 남을 것인가? 그러나 그의 앞날을 점칠 생각은 없다. 방향을 암시할 생각도 없다. 그는 자족적인 예술가이다. 그런 이야기를 한다면 그는 조용히 웃을 것이다. 미학주의자의 한계와 견고함을 동시에 지닌 웃음일 것이다. 혹은 고향이 없는 시인인 그는 자신의 시 「고향」을 읽어줄는지 모른다.

    예수는 어떻게 살아갔으며
    어떻게 죽었을까
    죽을 때엔 뭐라고 하였을까

흘러가는 요단의 물결과
하늘나라가 그의 고향이었을까 철따라
옮아다니는 고운 소릴 내릴 줄 아는
새들이었을까
저물어가는 잔잔한 물결이었을까

(문학평론가 · 서울대 교수)

연보

1921년 황해도 은율 출생.
        일본 토요시마 상업학교 졸업.
1954년 《현대예술》에 시 「돌각담」 발표.
1969년 시집 『십이음계』 출간.
1971년 「민간인」으로 《현대시학》 작품상 수상.
1979년 시집 『북치는 소년』 출간.
1982년 시집 『누군가 나에게 물었다』 출간.
1984년 12월 8일 사망.
1989년 『김종삼 전집』 출간.

오늘의 시인 총서 8
북 치는 소년

1판 1쇄 펴냄 1979년 5월 5일
1판 6쇄 펴냄 1994년 4월 25일
개정판 1쇄 펴냄 1995년 11월 20일
개정판 8쇄 펴냄 2021년 5월 18일

지은이 김종삼
발행인 박근섭, 박상준
펴낸곳 (주)민음사

출판등록 1966. 5. 19. (제16-490호)
서울특별시 강남구 도산대로1길 62(신사동)
강남출판문화센터 5층(우편번호 06027)
대표전화 02-515-2000 팩시밀리 02-515-2007
www.minumsa.com

ⓒ 김혜원, 1979, 1995. Printed in Seoul, Korea

ISBN 978-89-374-0608-9 04810
ISBN 978-89-374-0600-3 (세트)

* 잘못 만들어진 책은 구입처에서 교환해 드립니다.